NAPOLÉON

PEINT PAR LUI-MÊME,

OU

Pensées, Réflexions, Conversations, Harangues, Anecdotes et Réparties de l'Empereur des Français, dans toutes les circonstances les plus intéressantes de sa vie,

RECUEILLIES ET PUBLIÉES

D'APRÈS LES RAPPORTS LES PLUS AUTHENTIQUES

DE

MM. BERTRAND, GOURGAUD, DE MONTHOLON, DE LAS-CASES, O'MEARA, ANTOMARCHI, BOURRIENNE, DE SÉGUR, DE BEAUSSET, DE ROVIGO, le Baron FAIN, le Comte RAPP, CONSTANT, Mme D'ABRANTÈS, etc., etc.,

PAR

CHARLES SOULLIER,

Auteur d'un Poème sur Napoléon, et de plusieurs Histoires politiques.

———◄█►———

PARIS.

AU *BUREAU CENTRAL*, BOULEVART POISSONNIÈRE, 4.

—

1852.

IMPRIMERIE DE MADAME DE LACOMBE, RUE D'ENGHIEN, 14.

MOTIFS DE CETTE PUBLICATION.

L'acte providentiel du **2** décembre a réveillé le feu sacré de l'amour de la patrie et de l'esprit français, trop longtemps cachés sous la cendre glacée de l'inconstance, de l'ingratitude et de la trahison. Ce prodigieux événement politique, qui rappelle les faits glorieux du Consulat et de l'Empire, nous a suggéré la pensée de les recueillir.

On a écrit plus de trois cents volumes sur Napoléon; c'est presque une bibliothèque. Mais tous les amateurs de livres n'ont pas assez de temps pour lire, ni assez d'argent pour acheter tant d'ouvrages. Tous ces ouvrages, d'ailleurs, ne sont que le récit plus ou moins personnel et verbeux de tels ou tels historiens chez lesquels la parole de l'Empereur semble être effacée et noyée dans un déluge de phrases hétérogènes. C'est cette réflexion qui nous a fait sentir la nécessité de publier sous ce titre : *Napoléon peint par lui-même*, un livre unique, résumant à lui seul cette foule innombrable de faits, de discours, de réflexions, de maximes et d'anecdotes piquantes, qui ont été recueillis, çà et là , sur le grand homme, de telle sorte qu'après avoir lu notre livre sur Napoléon on puisse se dispenser de lire tous les autres sur le même sujet.

Bonaparte ne fut pas seulement grand capitaine, grand politique, grand législateur, il fut encore grand philosophe. Les pensées qui jaillirent de son cerveau, comme autant de vives lumières, pour éclairer son siècle , sont pleines de force, d'atticisme, de profondeur ; et il serait difficile, après qu'on l'a étudié, de dire quel penseur, quel moraliste, quel savant, quel sage répandit, dans ses discours et dans ses écrits, plus d'éclatantes vérités. Aussi, au milieu de tant de livres, pour la plupart sans but et sans portée, que notre siècle produit, est-on surpris de ne pas trouver un seul recueil textuel et original de tout ce qui a été dit de beau et de grand, par celui qui, durant vingt-cinq ans, remplit le monde de ses merveilles. Nous avons pensé qu'un tel recueil serait un monument précieux pour la France, et nous croyons rendre service à notre pays en le publiant.

DIVISION DE L'OUVRAGE.

Ce livre est divisé ou quatre parties ou catégories parfaitement distinctes, classées avec méthode, selon l'ordre des événements qui se lient et se rattachent aux diverses époques de la vie du héros, et des sentiments divers qui l'ont fait agir.

La première partie s'adresse à l'intimité et à la famille; elle renferme tout ce qui touche le cœur. C'est Napoléon considéré comme homme privé. — Anecdotes. — Réparties. — Affaires domestiques. — Coin du feu.

Le deuxième partie s'adresse à la société et à l'éducation; elle renferme tout ce qui touche l'esprit. C'est Napoléon considéré comme homme du monde. — Littérature. — Sciences. — Beaux-Arts. — Architecture. — Histoire. — Civilisation. — Mœurs du siècle. — Correspondance.

La troisième partie s'adresse à l'âge mûr; elle renferme tout ce qui touche l'imagination. C'est Napoléon considéré comme homme politique et grand capitaine. — Affaires publiques. — Législation. — Jurisprudence. — Discours. — Harangues. — Art militaire. — Economie sociale. — Administration. — Finances.

La quatrième partie s'adresse à la raison et à la vieillesse; elle renferme tout ce qui touche l'âme. C'est Napoléon considéré comme philosophe. — Études du cœur humain. — Méditations. — Observations. — Morale. — Religion. — Physiologie. — Métaphysique,

NAPOLÉON

PEINT PAR LUI-MÊME.

Bonaparte, tout jeune encore, commençait déjà à donner des signes certains de sa supériorité future et du caractère ferme, résolu et dominateur, qui le distingua par la suite.

Né, comme on le sait, à Ajaccio, en Corse, le 15 août 1769, il entra à l'école militaire de Paris, le 22 octobre 1784. C'est vers cette époque, et il n'avait encore alors que quinze ans, qu'une dame devant laquelle il faisait l'éloge de Turenne, lui dit : « Oui, mon ami, c'était un » grand homme ; mais je l'aimerais mieux, s'il n'eût » pas brûlé le Palatinat. — Qu'importe, reprit vivement » le jeune Napoléon, si cet incendie était nécessaire à » ses desseins ? »

Ce mot, dit un biographe, renferme toute sa politique.

*

Bonaparte reçut le sacrement de la confirmation à l'Ecole militaire de Paris. Au nom de *Napoléon*, l'archevêque qui le confirmait, ayant témoigné son étonne-

ment, disant qu'il ne connaissait pas ce saint, qu'il n'était pas dans le calendrier, etc.; l'enfant répondit sans hésiter « que ce ne saurait être une raison, puis-
» qu'il y avait une foule de saints dans le Paradis, et
» seulement trois cent soixante-cinq jours à l'année.

*

Napoléon n'excellait point dans les langues : c'est peut-être la seule branche de l'intelligence humaine, où il n'ait pas montré de la supériorité. Son maître d'allemand, personnage très lourd et très flegmatique, qui n'avait jamais compris que ce genre d'étude et qui prétendait tout circonscrire dans ce cercle restreint de sa capacité, voyant un jour que son écolier (le jeune Bonaparte) ne se trouvait pas à sa place, s'informa où il pouvait être. On lui répondit qu'il subissait, dans ce moment, son examen pour l'artillerie. « Mais est-ce
» qu'il sait quelque chose ? s'écria-t-il ironiquement. —
» Comment, Monsieur, mais c'est le plus fort mathé-
» maticien de l'école, lui répondit-on. — Eh bien! je
» l'ai toujours entendu dire, et je l'avais toujours
» pensé, que les mathématiques n'allaient qu'aux
» bêtes. »

« Il serait bon de savoir, disait l'Empereur, vingt
» ans après cette époque, si mon professeur de langues
» a vécu assez longtemps pour jouir de son discerne-
» ment. »

*

L'Empereur aimait les promptes réponses; et celles de ce genre qui annonçaient le plus de présence d'esprit et d'originalité étaient toujours suivies de quelque récompense. Passant un jour une revue sur la place du Carrousel, son cheval se cabra, et, dans les efforts qu'il fit pour le tenir en bride, son chapeau vint à tomber. Un sous-lieutenant (*), aux pieds duquel le chapeau était tombé, le ramassa avec empressement et sortit des rangs pour aller le rendre à Sa Majesté. « Merci, capitaine, » lui dit Napoléon, tout encore occupé qu'il était à maintenir son cheval. — « Dans quel » régiment, Sire ? » repartit vivement l'officier. Alors l'Empereur le regarda avec plus d'attention, et s'étant aperçu de sa méprise, il lui dit en souriant : « Ah! c'est » juste, Monsieur; dans la garde. » — Le nouveau capitaine reçut, en effet, quelques jours après, le brevet qu'il devait à sa présence d'esprit, mais qu'il avait aussi déjà mérité, dit-on, par sa bravoure et son mérite personnel.

✳

Un autre jour, à une autre revue, l'Empereur aperçut et remarqua, dans les rangs d'un régiment de ligne, un vieux soldat dont le bras était décoré de trois chevrons. Il le reconnut aussitôt pour l'avoir vu à l'armée d'Italie, et s'étant approché de lui : — « Eh bien ! mon brave, » lui dit-il, pourquoi n'as-tu pas la croix ? Tu n'as » pourtant pas l'air d'un mauvais sujet.— Sire, répondit » le vieux grenadier, avec une gravité un peu chagrine, » on m'a fait trois fois la queue pour la croix. — On » ne te la fera pas une quatrième » reprit l'Empereur; et il ordonna à Berthier de porter le brave sur la liste de la plus prochaine promotion.

✳

(*) M. Rabusson, beau-frère d'Horace Vernet.

Nous avons dit ailleurs que Napoléon , à l'exemple de Henri IV et d'autres grands princes qui se sont distingués par leur popularité, aimait à juger , par lui-même , de l'opinion de ses sujets à l'égard de sa personne et de son gouvernement ; dans cette intention , il allait souvent, incognito et déguisé en simple particulier , soit le jour aux marchés publics, soit après le soleil couché, dans les magasins , au Palais-*Royal*, sur les boulevarts et aux Champs-Elysées où , par parenthèse, il lui arriva même, un soir, avec Marie-Louise, de s'arrêter pour regarder la lanterne magique. Or, voici ce qu'il fit une fois, à Brienne, dont il lui avait pris la fantaisie d'aller visiter le château qui lui rappelait de tendres souvenirs d'enfance. Les détails qu'on va lire sont puisés textuellement dans les Mémoires de Constant :

« L'Empereur avait demandé, la veille, à Mme de Brienne, des nouvelles de la mère Marguerite; c'était ainsi qu'on appelait une bonne femme qui occupait une chaumière au milieu du bois, et à laquelle les élèves de l'école militaire avaient autrefois contume d'aller faire de fréquentes visites. Sa Majesté n'avait point oublié ce nom , et elle apprit, avec autant de joie que de surprise, que celle qui le portait vivait encore. L'Empereur , en continuant sa promenade du matin, galoppa jusqu'à la porte de la chaumière, descendit de cheval et entra chez la bonne paysanne. La vue de celle-ci avait été affaiblie par l'âge ; et d'ailleurs l'Empereur avait tellement changé depuis qu'elle ne l'avait vu , qu'il lui eût été, même avec de bons yeux, difficile de le reconnaître. « Bon-
» jour, la mère Marguerite, dit Sa Majesté , en saluant
» la vieille ; vous n'êtes donc pas curieuse de voir
» l'Empereur ? — Si fait , mon bon Monsieur ; j'en se-
» rais bien curieuse ; et si bien que voilà un petit panier
» d'œufs frais que je vas porter à Madame ; et puis, je

» resterai au château pour tâcher d'apercevoir l'Empe-
» reur. Ça n'est pas l'embarras, je ne le verrai pas si
» bien aujourd'hui qu'autrefois, quand il venait, avec
» ses camarades, boire du lait chez la mère Marguerite.
» Il n'était pas empereur, dans ce temps-là ; mais c'est
» égal, il faisait marcher les autres ; dame ! fallait voir.
» Le lait, les œufs, le pain bis, les terrines cassées, il
» avait soin de me faire tout payer, et il commençait
» lui-même par payer son écot. — Comment, mère
» Marguerite, reprit en souriant Sa Majesté, vous n'a-
» vez pas oublié Bonaparte? — Oublié ! mon bon Mon-
» sieur ; vous croyez qu'on oublie un jeune homme
» comme ça, qui était sage, sérieux et même quelque-
» fois triste, mais toujours bon pour les pauvres gens.
» Je ne suis qu'une paysanne, mais j'aurais prédit que
» ce jeune homme-là ferait son chemin. — Il ne l'a pas
» trop mal fait, n'est ce pas ? — Ah dame ! non. »

Pendant ce court dialogue, l'Empereur avait d'abord tourné le dos à la porte, et par conséquent au jour, qui ne pouvait pénétrer que par-là dans la chaumière. Mais peu à peu Sa Majesté s'était rapprochée de la bonne femme, et lorsqu'il fut tout près d'elle, l'Empereur, dont le visage se trouvait alors éclairé par la lumière du dehors, se mit à se frotter les mains et à dire, en contrefaisant, de son mieux, le ton et les manières qu'il avait eus dans sa première jeunessse, lorsqu'il venait chez la paysanne : « Allons, la mère Marguerite ! « Du lait ! des œufs frais ; nous mourons de faim. » La bonne vieille parut chercher à rassembler ses souvenirs, et elle se mit à considérer l'Empereur avec une grande attention. « — Oh! bien, la mère, vous étiez si sûre tout à « l'heure de reconnaître Bonaparte ? Nous sommes de « vieilles connaissances, nous deux. » La paysanne, pen- dant que l'Empereur lui adressait ces derniers mots, était tombée à ses pieds. Il la releva avec la bonté la plus tou-

chante, et lui dit : « En vérité, mère Marguerite, j'ai un
« appétit d'écolier. N'avez-vous rien à me donner ? » La
bonne femme, que son bonheur mettait hors d'elle-
même, servit à sa Majesté des œufs et du lait. Son repas
fini, sa Majesté donna à sa vieille hôtesse une bourse
pleine d'or, en lui disant : « Vous savez, mère Margue-
« rite, que j'aime que chacun paie son écot. Adieu, je
« ne vous oublierai pas. » Et tandis que l'Empereur re-
montait à cheval, la bonne vieille, sur le seuil de sa porte,
lui promettait, en pleurant de joie, de prier le bon Dieu
pour lui.

*

En 1807, lors du fameux traité de Tilsitt, Napoléon
se trouvant à Berlin, eut, un jour, fantaisie d'aller faire
une excursion à pied dans une guinguette champêtre où
se rendaient nos soldats pour se livrer aux plaisirs de
la danse et de la galanterie militaire. Là, sous le voile
de l'incognito, il put observer à son aise les faits et gestes de ces braves qu'il aimait tant et auxquels il devait
toute sa gloire. L'un d'eux, maréchal-des-logis des chasseurs de sa garde, se promenait avec une grosse et
blonde Allemande, à laquelle il tenait certains propos
soldatesques que l'empereur se plut à écouter. Il lui disait
entre autres choses : « Amusons-nous, mon Chou; c'est
» le Tondu qui paie les violons avec les Kriches de votre
» souverain; allons notre train; vive la joie! et en
» avant.. .. — Pas si vite, dit Napoléon en s'approchant
» de lui; certes, il faut toujours aller en avant; mais ici
» attendez que je sonne la charge. » Le maréchal-des-
logis se retourne à ces mots et reconnaît l'Empereur;
mais, sans se déconcerter, il lui dit, en portant la main à
son schako : « C'est peine inutile, votre Majesté n'a pas
« besoin de sonner pour faire du bruit. » Cette répétitio

fit sourire Napoléon et valut, dit-on, l'épaulette au sous-officier.

*

Sous le Consulat, Bonaparte invitait souvent son ancien maître d'histoire, M. de l'Aiguille, à déjeuner avec lui à la Malmaison : « Celle de vos leçons qui m'a
» laissé le plus d'impression, lui dit-il un jour, à la
» fin du repas, était la révolte du connétable de Bour-
» bon, bien que vous ne nous la présentassiez pas avec
» toute la justesse possible ; à vous entendre, son
» plus grand crime était d'avoir combattu son roi ; ce
» qui en était assurément un bien léger, dans ces temps
» de seigneuries et de souverainetés partagées, vu surtout
» la scandaleuse injustice dont il avait été victime. Son
» unique, son grand, son véritable crime, sur lequel
» vous n'insistiez pas assez, c'était d'être venu, avec
» les étrangers, attaquer son sol natal. »

*

On a inventé, sur Napoléon, une foule d'anecdotes plus ou moins invraisemblables, lesquelles, recueillies sans discernement et sans preuves authentiques, par quelques collecteurs mal avisés, ont fini par s'accréditer dans le public et passer dans le domaine de l'histoire. Toutefois les écrivains consciencieux qui préfèrent le vrai au merveilleux et la simplicité à la bizarrerie, ne doivent laisser échapper aucune occasion de rectifier ces erreurs et de rétablir les faits. Or, voici ce que dit, un jour, Napoléon lui-même, sur un de ces mensonges les plus accrédités : « On me fait, à Arcole, durant la nuit,
» disait-il, prendre le poste d'une sentinelle endormie.
» Cette idée est sans doute d'un bourgeois, d'un avo-
» cat peut-être ; mais sûrement pas celle d'un militaire.

» L'auteur me veut du bien, nul doute, et n'imagine rien
» de plus beau dans le monde que ce qu'il me fait faire.
» Il a certainement écrit cela pour me faire honneur;
» mais il ignorait que je n'étais guère capable d'un tel
» acte; j'étais trop fatigué pour cela : il est à croire
» que j'étais endormi avant le soldat dont il parle. »

★

En 1808, Napoléon fit, avec Joséphine, pour visiter
toute la partie occidentale de la France, un voyage à
Étampes. De jeunes villageois vinrent, avec le curé du
lieu, présenter à Leurs Majestés, sur leur passage, de
belles roses et d'excellents raisins. « La nature est
» bénie dans ce canton, dit l'Empereur à son épouse,
» en lui présentant le bouquet : prenez, Madame, et
» n'oubliez jamais ceux que la Providence n'oublie
» point. — La Providence, dit le bon curé, bénit tou-
» jours les hommes laborieux, parce qu'ils accomplis-
» sent la plus importante de ses lois. — Voilà, dit
» l'Empereur à Joséphine, après avoir remercié et
» salué ces bons villageois, voilà des gens qui réunissent
» les fleurs et les fruits, l'utile et l'agréable : ils méri-
» tent d'être heureux. »

★

On trouve l'anecdote suivante dans les *OEuvres de
Napoléon* :

Le général Moreau, de retour d'Allemagne à Paris,
était encore dans le salon du premier Consul, lorsque
le ministre de l'intérieur entra, apportant une superbe
paire de pistolets, d'un travail parfait, et enrichi de
diamants; le Directoire les avait fait faire pour être
donnés en présent à un prince étranger, et depuis ils

étaient restés chez le ministre de l'intérieur. Ces pistolets furent trouvés très-beaux : « Ils viennent bien à
» propos, » dit le premier Consul, en les présentant au
général Moreau ; et se retournant vers le ministre de
l'intérieur : « Citoyen ministre, ajouta-t-il, faites-y
« graver quelques-unes des batailles qu'a gagnées le
» général Moreau ; ne les mettez pas toutes, il faudrait
» ôter trop de diamants ; et, quoique le général Moreau
» n'y attache pas un grand prix, il ne faut pas trop
» déranger le dessin de l'artiste. »

★

A Eylau, la veille de la première attaque, l'Empereur qui voulait tout voir par lui-même, alla faire une
ronde de bivouac en bivouac. Arrivé à l'un d'eux, il
aperçoit des pommes de terre au feu ; il lui prit fantaisie d'en manger, et en tira une avec la pointe de son
épée. Voyant cela, un soldat lui dit : « Ah ça ! dis donc,
» camarade, tu n'es pas gêné, toi, de manger nos
» pommes de terre. — Mon brave, j'ai tellement faim,
» lui dit Napoléon, que tu dois me le pardonner. —
» Allons, passe pour une, deux, si cela t'est nécessaire ;
» mais disparais. » Comme on le pense bien, l'Empereur ne se hâtait pas de disparaître. Il continua même
très-tranquillement sa dégustation frugale, qui n'avait
pas trop l'air de lui déplaire, lorsque, ce sang-froid
ayant déplu au soldat, il s'éleva entre lui et l'Empereur
une discussion assez vive qui bientôt dégénéra en lutte ;
et déjà le soldat commençait à le taper, lorsque le
vainqueur d'Austerlitz jugea prudemment qu'il était
temps de se faire connaître. La confusion du soldat fut
grande, comme on doit bien le penser : il se jeta aux genoux de l'Empereur qu'il avait frappé, et lui demanda
sa grâce ; elle ne se fit pas attendre : « C'est moi qui

» ai tort, lui dit Napoléon; j'ai été entêté, je ne t'en
» veux pas; relève-toi, et sois tranquille pour le pré-
» sent et pour l'avenir. » On savait ce que cela voulait
dire. En effet, quelque temps après, l'Empereur s'étant
informé du soldat à son colonel, celui-ci lui répondit
que c'était un homme d'ordre, très-assidu à ses devoirs,
et défendant à bec et griffes les moindres intérêts de sa
compagnie et de son régiment. L'Empereur demanda
alors s'il avait quelque instruction, s'il savait lire et
écrire; et sur la réponse affirmative, il lui envoya un
brevet de sous-lieutenant.

★

Tout le monde sait le mot heureux qui fit la fortune
de Junot, lorsque Bonaparte, alors commandant d'artillerie au siége de Toulon, lui dictait une lettre que
Junot, alors encore sergent, écrivit sous sa dictée, sur
l'épaulement même de la batterie. Il avait à peine ter-
miné sa lettre qu'une bombe, lancée par les Anglais,
éclate près de lui et le couvre de terre, ainsi que la
lettre : « Bien, dit Junot, nous n'aurons pas besoin de
» sable. »
Madame la duchesse d'Abrantès, dans ses mémoires,
cite un autre trait de courage de son mari, qui eut lieu
quelques jours avant. Ce jour-là, le commandant ayant
demandé à l'officier du poste un jeune sous-officier qui
eût en même temps de l'audace et de l'intelligence, on
lui amena *la Tempête*; c'est ainsi qu'on appelait Junot
dans sa compagnie. Le commandant fixa sur lui cet œil
qui semblait déjà connaître les hommes : « Tu vas quit-
» ter ton habit, lui dit-il, et tu iras *là* porter cet ordre. »
Il lui indiquait, de la main, un point plus éloigné de la
côte, et lui expliquait ce qu'il voulait de lui. « Je ne
» suis pas un *espion*, répondit-il au commandant; cher-

» chez un autre que moi pour exécuter votre ordre. »
Et il se retirait. — « Tu refuses d'obéir? lui dit l'officier supérieur, d'un ton sévère; sais-tu bien à quoi tu
t'exposes? — Je suis prêt à obéir, dit Junot, mais j'irai
là où vous m'envoyez avec mon uniforme, ou je n'irai
pas. C'est encore bien de l'honneur pour ces... Anglais. »
Le commandant sourit en le regardant attentivement.
« Mais ils te tueront, reprit-il. — Que vous importe?
Vous ne me connaissez pas assez pour que cela vous
fasse de la peine, et quant à moi, ça m'est égal... Allons,
je pars comme je suis, n'est-ce pas? » Alors il mit la
main dans sa giberne. « Bien! avec mon sabre et ces
dragées-là, du moins, la conversation ne languira pas,
si ces messieurs veulent causer. » Et il partit en chan-
tant.

Après son départ, « comment s'appelle ce jeune
homme? demanda l'officier supérieur. — Junot. — Il
fera son chemin. » Alors le commandant inscrivit son
nom sur ses tablettes.

« C'était déjà un jugement d'un grand poids, ajoute
Mme d'Abrantès, car on a facilement deviné que l'officier d'artillerie était Napoléon. »

*

Si l'on voulait recueillir tous les traits de générosité,
tous les actes de bienfaisance de Napoléon, l'on aurait
de quoi remplir un volume. Quelques exemples, pris
au hasard, suffiront pour donner une idée de ce caractère distinctif du grand homme.

Un jour, dans un voyage qu'il faisait avec l'impératrice, il se trouvait à déjeuner avec elle, dans une des
îles du Rhin. Au moment où ils étaient à table, il fit venir
le paysan de la ferme, le questionna sur tout ce qu'il
croyait pouvoir le rendre heureux, et lui dit de le lui

2

demander hardiment. Le paysan fit la récapitulation de tous ses besoins; ils s'élevaient à la somme de 6 à 7000 francs qui lui furent comptés le lendemain.

Une autre fois, en Hollande, faisant une traversée en yacht, il se prit à causer avec le marinier qui tenait le gouvernail, et lui demanda ce que pouvait valoir son bâtiment. « Mon bâtiment! Il n'est pas à moi, dit le » marinier, je serais trop heureux, il ferait ma fortune. » — Eh bien! je te le donne, lui dit l'Empereur. » L'autre ne comprenant pas comment un homme, si puissant qu'il fût, pouvait lui donner ce qui ne lui appartenait pas, restait froid et peu sensible au bon procédé de l'Empereur, qui, à ce qu'il disait à tout l'équipage, avait voulu se moquer de lui. Mais le grand maréchal du palais, d'après les ordres de l'Empereur, était allé acheter le bâtiment, en avait payé le prix à son propriétaire et porté lui-même la quittance au marinier qui en fut si stupéfait de ravissement que sa joie alla jusqu'au délire. C'était à peu près la même somme que pour le paysan du Rhin. « Ainsi, disait Napoléon, un jour qu'on » lui rappelait ces traits de générosité: Vous voyez que » les désirs des hommes ne sont pas si immodérés qu'on » le pense, et qu'il est plus facile de les rendre heu- » reux qu'on ne croit; car, assurément, ces deux » hommes trouvèrent le bonheur. »

Un autre jour, l'Empereur et l'Impératrice étaient allés déjeuner aux environs de Milan, dans une petite île de l'Olona; en s'y promenant, l'Empereur fit la rencontre d'une pauvre paysanne dont la chaumière était située non loin de l'endroit où avait été dressée la table de Leurs Majestés, et lui adressa différentes questions : « Monsieur, répondit cette femme qui ne connaissait pas » l'Empereur, je suis très pauvre et mère de trois en- » fants que j'ai bien de la peine à élever, parce que » mon mari n'a pas toujours de l'ouvrage. — Combien

» vous faudrait-il pour être parfaitement heureuse ? lui
» dit l'Empereur. — Oh ! Monsieur, il me faudrait beau-
» coup d'argent. — Mais encore, ma bonne, combien
» vous faudrait-il ? — Ah ! Monsieur, à moins que nous
» n'ayons vingt louis, nous ne serons jamais au-dessus
» de nos affaires ; mais quelle apparence que nous
» ayons jamais vingt louis ! » L'Empereur lui fit donner,
sur le champ, une somme de trois mille francs, en or-
donnant à Constant, son valet de chambre, de défaire
les rouleaux et de jeter le tout dans le tablier de la
bonne femme, qni, à la vue de tout cet or, pâlit, chan-
cela, et s'écria, sur le point de s'évanouir : « Ah ! c'est
» trop, Monsieur, c'est vraiment trop. Pourtant vous ne
» voudriez pas vous jouer d'une pauvre femme ? » L'Empereur la rassura en lui disant que tout était bien pour
elle, et qu'avec cet argent elle pourrait acheter son petit
champ, un troupeau de chèvres, et faire du bien à ses
enfants.

Quelque temps après, lors de la campagne de Prusse,
sur la route de Postdam, l'Empereur fut surpris par un
violent orage qui l'obligea de s'arrêter dans une maison
de campagne. Là, il fut tout étonné de trouver une
jeune femme que sa présence fit tressaillir. C'était une
égyptienne qui avait conservé, pour lui, cette vénéra-
tion religieuse que lui portaient tous les Arabes. Veuve
d'un officier de l'armée d'Egypte, le hasard l'avait conduite en Saxe, dans cette maison où elle avait été ac-
cueillie. L'Empereur lui accorda une pension de douze
cents francs, et se chargea de l'éducation de son fils,
seul héritage que lui eût laissé son mari. « C'est la pre-
» mière fois, dit Napoléon, que je mets pied à terre
» pour éviter un orage. J'avais le pressentiment qu'une
» bonne action m'attendait là. »

Une autre fois encore, au passage du Saint-Bernard,
avant la bataille de Marengo, le premier Consul montait,

par le plus mauvais temps, le mulet d'un habitant de Saint-Pierre, désigné comme étant le mulet le plus sûr de tout le pays. Le guide de Bonaparte était un grand et vigoureux jeune homme de vingt-deux ans, qui s'entretint beaucoup avec lui, en s'abandonnant à cette confiance propre à son âge et à la simplicité des habitants des montagnes. Il confia au premier Consul toutes ses peines, ainsi que les rêves de bonheur qu'il faisait pour l'avenir. Arrivé au couvent, le premier Consul, qui, jusque-là ne lui avait rien témoigné, écrivit un billet et le donna à ce paysan pour le remettre à son adresse. Ce billet était un ordre prescrivant diverses dispositions qui eurent lieu immédiatement après le passage, et qui réalisaient toutes les espérances du jeune montagnard. Quelque temps après son retour, l'étonnement de celui-ci fut bien grand de voir tant de monde s'empresser de satisfaire ses désirs, et la fortune lui arriver de tous côtés.

✳

La guerre d'Espagne fut, sans contredit, une des plus grandes fautes de Napoléon. Il ne pouvait avoir, en la faisant, d'autres motifs que celui d'étendre son empire, car il était persuadé qu'il devait asservir tous les peuples de la terre. « Il a, disait Joséphine, une telle confiance dans son étoile, que, fût-il demain abandonné de sa famille, de ses alliés, errant, proscrit, il supporterait encore la vie, convaincu qu'il triompherait de tous les obstacles, et qu'il accomplirait sa destinée en réalisant ses projets sans bornes. Heureusement, ajoutait l'Impératrice, nous ne pourrons jamais voir si j'ai raison; mais, croyez-moi, Napoléon est plus courageux moralement que physiquement. Je le connais mieux que personne, il se croit prédestiné, et supporterait les revers avec autant de calme qu'il a mis de témérité à affronter les dangers des combats. »

Le prince des Asturies ayant demandé à Napoléon une épouse de sa famille, celui-ci en fut indigné et s'écria : « Est-il possible que l'on s'abaisse ainsi ? Moi, lui don-
» ner quelqu'un qui m'appartienne ! Je lui refuserais
» votre femme de chambre, poursuivit-il en s'adressant
» à l'Impératrice ; car je suis persuadé qu'elle aurait
» des sentiments trop élevés pour un tel époux. Aucune
» princesse ne voudra de lui ; qu'il reste à jouer des
» proverbes chez Talleyrand, à Valençay ; qu'il s'amuse,
» moi je donnerai à son peuple un roi qui saura ré-
» gner. »

*

Lettre du général Bonaparte à sa femme, à l'époque de la guerre d'Italie.

« MA CHÈRE AMIE,

» Mon premier laurier dut être à la patrie, mon se-
cond sera pour vous. En poussant Alvinzi, je pensais à la France ; quand il fut battu, je pensai à vous. Votre fils vous remettra une dragonne que lui a offerte le colonel Morbach, fait prisonnier de sa main. Vous voyez, Madame, que votre Eugène est digne de son père. Ne me trouvez pas moi-même trop indigne d'avoir succédé à ce brave et malheureux général, sous lequel je me serais honoré d'apprendre à vaincre. Je vous embrasse.

» BONAPARTE. »

*

Dernière lettre de Napoléon à Joséphine, écrite de Fontainebleau, le 16 avril 1814.

« Chère Joséphine,

« Je vous ai écrit le 8 de ce mois (c'était un vendredi), et peut-être n'avez-vous pas reçu ma lettre, on se battait encore, il est possible qu'on l'ait interceptée ; maintenant les communications doivent être rétablies. J'ai pris mon parti ; je ne doute pas que ce billet ne vous parvienne.

» Je ne vous répéterai pas ce que je vous disais ; je me plaignais alors de ma situation, aujourd'hui je m'en félicite, j'ai la tête et l'esprit débarrassés d'un poids énorme ; ma chute est grande ; mais au moins elle est utile, à ce qu'ils disent.

» Je vais, dans ma retraite, substituer la plume à l'épée. L'histoire de mon règne sera curieuse ; on ne m'a vu que de profil, je me montrerai tout entier. Que de choses n'ai-je pas à faire connaître ! que d'hommes dont on a une fausse opinion !... J'ai comblé de bienfaits des misérables ! Qu'ont-ils fait dernièrement pour moi ?...

» Ils m'ont tous trahi !... J'excepte de ce nombre ce bon Eugène, si digne de vous et de moi. Puisse-t-il être heureux sous un roi fait pour apprécier les sentiments de la nature et de l'honneur !

» Adieu, ma chère Joséphine ; résignez-vous ainsi que moi, et ne perdez jamais le souvenir de celui qui ne vous a jamais oublié et ne vous oubliera jamais.

» Adieu, Joséphine.

» NAPOLÉON. »

« *P. S.* **J**'attends de vos nouvelles à l'île d'Elbe : Je ne me porte pas bien. »

Joséphine relisait souvent cette lettre à la Malmaison, au coin du feu ou dans ses promenades ; et elle finissait toujours par ces mots qu'elle prononçait avec un soupir: *Ah ! s'il m'avait écouté !*

*

Après la journée du 13 vendémiaire, Napoléon qui commandait alors la place de Paris, eut à lutter surtout contre une grande disette qui donna lieu à plusieurs scènes populaires. Un jour, entre autres, que la distribution de pain avait manqué, et qu'il s'était formé des attroupements nombreux à la porte des boulangers, Napoléon passait avec une partie de son état-major, pour veiller à la tranquillité publique. Un gros de la populace, où l'on remarquait surtout des femmes de la halle, barre le cortége à son passage, demandant du pain à grands cris. Une femme monstrueusement grosse et grasse se fait particulièrement remarquer par ses gestes et par ses paroles. « Tout ce tas d'épauletiers, s'écrie-t-elle en
» apostrophant le groupe d'officiers, se moquent de
» nous; pourvu qu'ils mangent et qu'ils s'engraissent,
» il leur est fort égal que le pauvre peuple meure de
» faim. » Napoléon l'interpelle : La bonne, lui dit-il,
« regardez-moi bien ; quel est le plus gras de nous
» deux ? » Et tous, jusqu'aux plus furieux de la bande, partirent d'un éclat de rire, car Napoléon était alors extrêmement maigre. « J'étais un vrai par-
» chemin, » disait-il lui-même, lorsqu'il rappelait cette anecdote.

*

Un jour qu'aux Tuileries, le roi de Rome, tout petit enfant, s'était mis, à propos de je ne sais quelle contrariété, dans un violent accès de colère, Mme de Montesquiou, sa gouvernante, ordonna de fermer de suite tous les contrevents. L'enfant, surpris par cette obscurité subite, demanda à *maman Quiou* (c'est ainsi qu'il l'appelait), pourquoi cela : « C'est que je vous aime trop, lui
» dit-elle, pour ne pas cacher votre colère à tout le
» monde. Que diraient toutes ces personnes que vous
» gouvernerez peut-être un jour, si elles vous avaient
» vu dans cet état ? Croyez-vous qu'elles voulussent vous
» obéir, si elles vous savaient si méchant ? » Et l'enfant de demander pardon aussitôt en promettant bien à *maman Quiou* que cela ne lui arriverait plus.

« Voilà, au fait, disait l'Empereur, lorsqu'il rappelait
» cette petite anecdote, des manières bien différentes
» de celles de M. de Villeroi à Louis XV : *Regardez*
» *tout ce peuple, mon maître, il vous appartient; tous*
» *ces hommes que vous voyez là sont les vôtres.* »

✶

Ce fut Fouché qui, le premier, toucha la corde délicate du divorce politique de Napoléon et de Joséphine. L'Empereur en fut irrité d'abord, car il était sincèrement attaché à l'Impératrice ; mais bientôt des motifs puissants d'ambition vinrent étouffer les plus doux sentiments du cœur, et il se prononça en faveur de cette répudiation si appréhendée. Voici, à cette occasion, ce qu'il disait plus tard lui-même :

« Un fils de Joséphine m'eût été nécessaire, et m'eût
» rendu heureux, non seulement comme résultat poli-
» tique, mais encore comme douceur domestique.

» Comme résultat politique, je serais encore sur le

» trône, car les Français seraient attachés à lui comme
» au roi de Rome, et je n'aurais pas mis le pied sur
» l'abîme couvert de fleurs qui m'a perdu. Et qu'on
» médite après sur la sagesse des combinaisons humai-
» nes ! Qu'on ose prononcer, avant la fin, sur ce qui
» est heureux ou malheureux ici bas !

» Comme douceur domestique, ce gage eût fait tenir
» Joséphine tranquille, et eût mis fin à une jalousie qui
» ne me laissait pas de repos ; et cette jalousie se ratta-
» chait bien plus à la politique qu'au sentiment. José-
» phine prévoyait l'avenir et s'effrayait de sa stérilité.
» Elle sentait bien qu'un mariage n'est complet et réel
» qu'avec des enfants ; or elle s'était mariée ne pouvant
» pas en donner. A mesure que sa fortune s'éleva, ses
» inquiétudes s'accrurent ; elle employa tous les secours
» de la médecine ; elle feignit souvent d'en avoir obtenu
» du succès. Quand elle dut enfin renoncer à tout es-
» poir, elle mit souvent son mari sur la voie d'une grande
» supercherie politique ; elle finit même par oser le lui
» proposer directement.

» Joséphine avait, à l'excès, le goût du luxe, le désor-
» dre, l'abandon de la dépense, naturels aux créoles.
» Il était impossible de jamais fixer ses comptes ; elle
» devait toujours ; aussi c'était constamment de grandes
» querelles, quand le moment de payer ses dettes arri-
» vait. On l'a vue souvent alors envoyer, chez ses mar-
» chands, leur dire de n'en déclarer que la moitié. Il
» n'est pas jusqu'à l'île d'Elbe où des mémoires de José-
» phine ne soient venus fondre sur moi de toutes les
» parties de l'Italie.

» On sait, ajoutait l'Empereur, qu'elle croyait aux
» pressentiments, aux sorciers ; on lui avait prédit,
» dans son enfance, qu'elle ferait une grande fortune ;
» qu'elle serait souveraine…. On connaît d'ailleurs toute
» sa finesse ; aussi me répétait-elle souvent, depuis,

» qu'aux premiers succès d'Eugène le cœur lui avait
» battu, et qu'elle avait entrevu, dès cet instant, une
» lueur de sa destinée, l'accomplissement des prédic-
» tions, etc., etc.

*

Parmi les instructions particulières que Bonaparte
avait données à son secrétaire, en voici une assez singu-
lière : « La nuit, vous entrerez le moins possible dans
» ma chambre. Ne m'éveillez jamais quand vous aurez
» une bonne nouvelle à m'annoncer ; avec une bonne
» nouvelle, rien ne presse. Mais s'il s'agit d'une mauvaise
» nouvelle, réveillez-moi à l'instant même, car alors il
» n'y a pas un instant à perdre. »

*

Dans un de ses moments de jalousie et de colère contre Joséphine, dont on blamait alors la conduite un peu
légère : « Oh ! c'est un parti pris, dit il, elle ne mettra
» plus le pied dans ma maison. Que m'importe ce qu'on
» en dira. On en bavardera un jour ou deux, on n'en
» parlera plus le troisième ; au milieu des événements
» qui s'amoncèlent, que serait-ce qu'une rupture ? La
» mienne ne sera même point aperçue. Ma femme ira à
» la Malmaison. Moi je resterai ici. Le public en sait
» assez pour ne pas se tromper sur les raisons de son éloi-
» gnement. — Tant de violence, lui dit-on, prouve que
» vous en êtes toujours épris. Elle paraîtra, s'excu-
» sera ; vous lui pardonnerez, et vous serez plus tran-
» quille. — Moi, lui pardonner, reprit Bonaparte avec
» colère, en froissant sa poitrine avec sa main ; non, non !
» jamais !... Vous me connaissez bien ! Si je n'était pas
» sûr de moi, j'arracherais ce cœur et je le jetterais au
» feu ! »

*

Un jour, dans un moment d'expansion de tendresse ,
Joséphine, assise sur les genoux de Napoléon, alors premier consul, lui dit avec douceur : « Je t'en prie, Bo-
» naparte , ne te fais pas roi. C'est ce vilain Lucien qui
» te pousse, ne l'écoute pas. — Tu es folle , ma pauvre
» Joséphine, lui répondit Napoléon. Ce sont toutes ces
» vieilles douairières du faubourg Saint-Germain, c'est
» ta Larochefoucault, qui te font tous ces comptes-là...
» Tu m'ennuies, laisse-moi tranquille. »

✳

Sous le Consulat , les ennemis de Bonaparte essayè-
rent de faire courir le bruit que le premier Consul avait
des rapports d'intimité coupable avec Hortense, fille de
Joséphine et alors encore demoiselle. Il dit plus tard, sur
ces propos, à son secrétaire intime : « On répand tou-
» jours le bruit de mes liaisons avec Hortense ; on en
» a fait courir d'abominables sur son premier enfant. Je
» croyais, dans le temps, que ces bruits n'avaient été
» accueillis, dans le public, que parce que l'on désirait
» que j'eusse un enfant. Depuis que nous nous sommes
» quittés, les avez-vous entendu répéter ? — Oui , gé-
» néral, souvent ; mais je vous avoue que je ne croyais
» pas que cette calomnie vivrait si longtemps. — C'est
» vraiment affreux ; vous savez ce qui en est, vous ;
» vous avez tout vu, tout entendu, la moindre démar-
» che ne pouvait vous échapper ; vous aviez toute sa
» confiance lors de son amour pour Duroc. J'attends de
» de vous que si vous écrivez quelque chose sur moi,
» vous me laverez de cet infâme reproche ; je ne veux
» pas qu'il m'escorte à la postérité. Je compte bien sur
» vous. Vous n'avez jamais ajouté foi à cette odieuse
» imputation. — Non , jamais, général, etc., etc. »

✳

Le 30 novembre 1809 , après de longues et pénibles hésitations, Napoléon se décida enfin à faire lui-même l'aveu, à Joséphine, de ses projets de divorce. Son dessin était déjà arrêté depuis quelque temps, et ce jour-là, après son dîner, il s'approcha de l'Impératrice, prit sa main, la posa sur son cœur avec tendresse, et laissa échapper les paroles suivantes :

« Joséphine! ma bonne Joséphine! tu sais si je t'ai
» aimée!... C'est à toi, à toi seule que j'ai dû les seuls
» instants de bonheur que j'aie goûtés en ce monde....
» Joséphine, ma destinée est plus forte que ma volonté.
» Mes affections les plus chères doivent se taire devant
» les intérêts de la France. »

A ce discours, l'Impératrice, quoique déjà prévenue depuis quelque temps, sur le malheur qui la menaçait, ne répondit que par des pleurs et des cris de désespoir. Elle eut une violente attaque de nerfs que rien ne put calmer. Il fallut la transporter dans son appartement où elle demeura plusieurs heures sans connaissance.

✻

Les deux anecdotes suivantes sont enregistrées dans les *Mémoires de Constant.*

« Dans une des chasses impériales de Rambouillet, à laquelle assistait l'Impératrice Joséphine, un cerf, poursuivi par les chasseurs, vint se jeter sous la voiture de l'Impératrice. Cet asile ne le trahit point, car Sa Majesté, touchée des larmes du pauvre animal, demanda sa grâce à l'Empereur. Le cerf fut épargné, et la bonne Joséphine lui attacha elle-même, autour du cou, un collier d'argent, qui devait attester sa délivrance et le protéger contre les attaques de tous les chasseurs. »

« Il y eut une des dames de S. M. l'Impératrice, qui

montra un jour moins d'humanité qu'elle, et la réponse qu'elle fit à l'Empereur déplut singulièrement à celui-ci, qui aimait la douceur et la pitié dans les femmes. On chassait depuis quelques heures dans le bois de Boulogne ; l'Empereur s'approcha de la calèche de l'Impératrice, et se mit à causer avec cette dame qui portait un des noms les plus anciens et les plus nobles de France, et qui sans l'avoir, dit-on, désiré, avait été placée auprès de l'Impératrice. Le prince de Neuchatel vint dire que le cerf était aux abois : « Madame, dit galamment » l'Empereur à Mme de C***, que voulez-vous qu'on fasse » du cerf ? Je remets son sort entre vos mains. — » Faites-en, Sire, répondit-elle, tout ce qu'il vous plaira. » Je ne m'y intéresse guère. » L'Empereur la regarda froidement, et dit au grand veneur : « Puisque le cerf a » le malheur de ne point intéresser Mme de C***, il ne » mérite pas de vivre, faites-le mettre à mort ! » Et là-dessus Sa Majesté tourna la bride de son cheval et s'éloigna. L'Empereur avait été choqué d'une telle réponse, et il la répéta le soir, au retour de la chasse, dans des termes peu flatteurs pour Mme de C***.

✶

Napoléon sachant que son frère Lucien avait une passion violente dans le cœur, et prévoyant qu'il finirait un jour par épouser celle qui en était l'objet (ce qui arriva), Napoléon, disons-nous, pour éviter une alliance qu'il désapprouvait sous tous les rapports, avait proposé à son frère une couronne, en lui faisant épouser la reine d'Etrurie. Lucien, que son amour occupait seul dans ce moment, repoussa avec obstination les sages conseils et les offres brillantes de son frère, qui, très irrité de ce refus, lui dit : « Vous voyez où vous conduit » votre entêtement et votre sot amour pour une......

(le mot fut lâché.) — Au moins, répliqua Lucien, *la mienne est jeune et jolie* ; » voulant sans doute, par ces mots, faire allusion à Joséphine qui n'était plus ni l'un ni l'autre. Cette réponse, plus que hardie, mit Napoléon dans un tel excès de colère, qu'il jeta et brisa, sur le parquet, sa montre qu'il tenait à la main. « Eh bien ! » puisque tu ne veux rien entendre, dit-il à son frère » en le congédiant, je te briserai comme cette montre !»

✳

En 1810, de grands préparatifs furent faits, comme chacun sait, pour le mariage de Napoléon avec Marie-Louise, archi-duchesse d'Autriche. L'Empereur en dressa lui-même le programme et en ordonna l'exécution. Au milieu de l'ardeur et de l'empressement qu'il déployait, l'administration du Musée vint un jour aux Tuileries lui témoigner, par l'organe de son directeur, M. Denon, l'embarras où elle se trouvait, de déplacer les grands tableaux du salon, destinés à la chapelle pour la cérémonie nuptiale : « Eh bien ! dit Napoléon, il n'y a qu'à » les brûler ! » L'Empereur aimait trop les arts pour parler ainsi sérieusement ; mais cet avis, donné dans un moment d'humeur et d'impatience, fit néanmoins une telle peur à M. Denon, que toutes les difficultés furent levées, et deux ou trois jours après, tous les tableaux étaient détendus et roulés.

✳

Le jour de la bataille de Marengo, le 14 juin 1800, Bonaparte ayant appris le gain de la bataille en même temps que la mort du général Desaix, à qui on la devait, parut beaucoup plus affligé que joyeux de cette double nouvelle, tout à la fois bonne et mauvaise : « La France,

» dit-il, vient de perdre un de ses meilleurs défenseurs,
» et moi mon meilleur ami. Personne n'a jamais su ce
» qu'il y avait de vertu dans le cœur de Desaix , et de
» génie dans sa tête. » Puis, après quelques moments de
silence , et presque les larmes aux yeux , il ajouta :
« Mon brave Desaix avait toujours souhaité de mourir
» ainsi ; mais la mort devait-elle être si prompte à
» exaucer son vœu ! »

*

Sous le Consulat, Jérome Bonaparte , le plus jeune
des frères de Napoléon , alors âgé de 17 ans , avait été
mandé aux Tuileries par le premier Consul, qui, pour
éloigner le jeune homme des tentations séduisantes que
la haute fortune de son frère faisait naître sous ses pas,
voulait faire de lui un marin. Il lui désigna le vaisseau
sur lequel il devait s'embarquer, et, malgré toutes ses
résistances, Jérôme dut enfin céder aux volontés de celui
qui était déjà devenu alors, non seulement le chef de sa
famille, mais encore le maître du monde. Cependant,
quoique décidé à partir , Jérôme osa dire à son frère :
« Au lieu de m'envoyer périr d'ennui en mer, vous de-
» vriez bien plutôt me prendre pour aide-de-camp. —
» Vous, *blanc-bec* ! répondit vivement le premier Consul,
» attendez qu'une balle vous ait labouré le visage, et alors
» nous verrons. » Et en lui disant cela, il lui montrait
du regard le colonel Gérard Lacuée, l'un de ses aides-
de-camp, qui se trouvait là , et qui rougit et baissa les
yeux en songeant à la large cicatrice dont sa joue était
balafrée.

*

Dans une fête militaire qui fut donnée au camp de
Boulogne, il y avait une course à cheval. Le prix était
de douze cents francs. Voici, à cette occasion, une anec-

dote qui a été rapportée par Constant, premier valet de chambre de l'Empereur.

« Un lieutenant de dragons, fort estimé dans sa compagnie, demanda en grâce à concourir. Mais le fier conseil des officiers supérieurs refusa de l'admettre, sous prétexte qu'il n'était pas d'un grade assez élevé, mais en réalité parce qu'il passait pour un cavalier d'un talent prodigieux. Piqué au vif de ce refus injuste, le lieutenant de dragons s'adressa à l'Empereur, qui lui permit de courir avec les autres, après avoir pris des informations desquelles il résultait que ce brave officier nourrissait à lui seul une nombreuse famille, et que sa conduite était exemplaire.

« Au signal donné, les coureurs partirent. Le lieutenant de dragons ne tarda pas à dépasser ses antagonistes; il allait toucher le but, lorsque, par un malencontreux hasard, un chien caniche vint se jeter étourdiment dans les jambes du cheval qui s'abattit. Un aide-de-camp, qui venait immédiatement après lui, fut proclamé vainqueur. Le lieutenant se releva tant bien que mal, et se disposait à s'éloigner bien tristement, quoiqu'un peu consolé par les témoignages d'intérêt que lui donnaient les spectateurs, lorsque l'Empereur le fit appeler et lui dit : « Vous méritez le prix, vous l'aurez.... Je » vous fais capitaine. »

Dans la campagne de Prusse, aux environs de Weymar, l'Empereur étant sorti la nuit, à deux heures, pour visiter les avant-postes, courut le plus grand danger. La nuit était si noire que les sentinelles du camp ne voyaient pas à dix pas autour d'elles. La première entendant quelqu'un marcher dans l'ombre, cria : *Qui vive!* tenant fusil en joue et prête à faire feu. Napo-